I0086413

Entre los escombros de la madrugada

Otoniel Guevara

Entre los escombros de la madrugada

Entre los escombros de la madrugada ©
Copyright © Otoniel Guevara, 2014
Copyright © Editorial del Gabo, 2014
Colección Tripa Chuca #2 / 2014
ISBN: 978-0-692-24250-6

Arte de cubierta exterior: © Alejandro Marré
Diagramación: Sirius estudio
Corrección de texto: Rebeca Ávila Urdampilleta

Editorial del Gabo
San Salvador, El Salvador, Centro América
editorialdelgabo.blogspot.com• ⬛/editorialdelgabo

Entre los Escombros de la Madrugada

Antología del poeta salvadoreño, Otoniel Guevara. (Incluye once libros que encierran treinta años de labor).

Como lo anuncia el título, la poesía reunida en el libro, parte de una paradoja: por un lado alude a la resaca de lo vivido y por el otro apuntala el amanecer. De ahí que esta suma poética sea más bien el testimonio de un ser asomado en el devenir de sí mismo. Es decir, son los pormenores de su crónica, frente a las vicisitudes de un camino elegido desde la temprana edad de la conciencia.

odo or ue las iedras nos an dic o en su lengua
lo ue a la ar del uego sabemos en la sangre

los caminos son nuestros
son interminables

Claro que en este recorrido influye tanto el determinismo geográfico, como el histórico, como el poético y el épico. La guerra fratricida de El Salvador, va a marcar profundamente al poeta: *o udo evitar, ese mismo a o , involucrarse en la guerra civil ue em a aba la vida nacional, lo cual le acarre c rcel, tortura destierro*

Fueron años difíciles dentro de una Centroamérica convulsa y azuzada por los demonios del Norte, donde combatía la dignidad de un Cayetano Carpio, un Roque Dalton y tantos otros que ofrendaron sus vidas, contra las injusticias de un nuevo orden mundial. Y por supuesto el "Pobrecito poeta que era yo" va a marcar un antes y un después en la poesía salvadoreña, centroamericana y universal.

Desde ahí todos comprendimos que la poesía no solo está hecha de palabras y que seguimos profesando devoción a ese ícono de las letras que es el poeta Roque Dalton.

ab a ue o tar e clusivamente entre dos osibilidades la de convertirse
en un i o de uta o la de de arme matar
     i or el miedo o las torturas inaguantables o llegase a convertirme en
un traidor, no asar an muc os d as sin ue me decidiera a egarme un
tiro in lugar a la menor duda o me conoco

Ante esa ética que exigían las circunstancias, el poeta Guevara asumió
el reto predicando con el ejemplo. Sufrió con sus compas el destino
marcado y asumió el reto con la entereza que requiere la solidaridad.

ienen o os en las emas de los dedos
ienen rases en la curva de sus o os
ienen un doloroso u ero encarnado en la memoria

ingen no estar cansados
 se citan uera del cam amento
ara emboscar al amor

Esta es una poesía que oscila entre lo autobiográfico y la experiencia
colectiva de un pueblo atormentado por la violencia. De ahí que el amor
y sus pequeñas magias inútiles, como reza Jorge Luis Borges en el Ame-
nazado, sean también una constante que se entrecruza en los libros que
componen - Los escombros de la madrugada-.

 mor m o me vo
la noc e se entrega a los lobos
  si no logro llegar a casa
me encontrar s
entre los escombros
de la madrugada

Amanecer entre la resaca de lo vivido con fe en el devenir; parece ser el
motor de esta crónica, coherente con la dignidad del compromiso y con
la fe de que mañana podamos compartir el pan, en la mesa de Vallejo.

Por eso en su *imno de mor*, que evidentemente hace referencia al *oema de mor* de Roque a:

los tristes m s tristes del mundo,
mis com atriotas,
mis   ermanos

Nos cobra, a pesar del amor que lo sostiene, no haber sido como él, en eso de no venderle el alma al diablo, en eso de sostenerse en las propias creencias y en las leyes naturales de la fraternidad.

HIMNO DE AMOR.

o escribo el   oema contr a todos
or ue todo s vacacionan en la   la a,
or ue todo s sobreviven con un sueldo,
or ue todo s an matado lo ue amaban,
or ue todo s sucumbieron ante el   recio,
or ue todo s ignoraron   a oes a,
or ue todo s consultaron a su m dico,
or ue todo s se abra aban en la iglesia,
or ue todo s   rivoli an el misterio,
or ue todo s cantan ebrios en los bares,
or ue todo s se reciclan en el miedo,
or ue todo s amnistiaron al tirano,
or ue todo s an votado contra el sue o,
porque todos crucifican la decencia,

Osvaldo Sauma
oeta de osta ica

Otoniel Guevara

LUZBÉLLICA [1984-1991]

GUERRA

Te he escrito un poema de desvelos

El pobre aguanta frío
porque duerme desnudo
en la recámara de mi fusil

erca de   agualo, diciembre de

TRAIDOR

Serás
el mayordomo de los cementerios
el cancerbero de los grandes festines
emperador de la tierra baldía
la única rosa en el jardín del oprobio

las mujeres te amarán en silencio
tus amigos se cortarán las manos
tu madre
sólo recordará tus juegos infantiles

pero jamás podrás trepar a un conacaste
en tus manos las sogas serán tibia ceniza
cuando caigás al fondo del abismo
el viento te rescatará en su balsa celeste

jamás podrás morir
y tus huesos podridos no sentirán la lluvia

LOS COMPAS

Ninguno habla de lo que espera
Asomaron su rostro a la existencia desde una ventana chamuscada
[de sangre
Son capaces de alimentarse de nubes por la piel
Comelotodo entre los comelotodo
Conocen el arme y desarme de la vida
Con una fría aguja percutora pretenden tejer un chal multicolor
[al país de las maravillas que sueñan entre combates
Tienen ojos en las yemas de los dedos
Tienen frases en la curva de sus ojos
Tienen un doloroso uñero encarnado en la memoria
Fingen no estar cansados
y se citan fuera del campamento
para emboscar al amor

de octubre de

VENDAVAL [1984-1989]

LA MISERIA SABE SU OFICIO

Bajo un árbol el viejo
cose a mano un zapato

La aguja no lo punza
La cuchilla no lo corta

Sabe su oficio

Pero lleva consigo
una árida tristeza

NOTICIA DEL CAMPO

Mixtli:

a los campos que todavía no conocés han llegado unos hombres peor
que el terremoto mucho peor que la sequía

como langostas se han prendido en todo el aroma de la pobreza sólo
porque la pobreza es un manantial de manos alrededor de una hoguera

lo peor: los hijos de estos hombres se alimentan como vos de un pecho
y juegan con palitos y planetas distantes en medio de nances y
eucaliptos en medio de otra soledad disfrazada de hombre

ellos han roto las espaldas de los niños como si fueran leña seca para
incendiar el odio

ellos los han lanzado al aire y en el aire los han despedazado con sus
armas rabiosas

vos no deberías saber de todo esto

vos

/ *Entre los escombros de la madrugada, Otoniel Guevara*

DICCIONARIO

Esta palabra, *n ierno*, es como vos, humana. La podés encontrar desatando temporales, erosionando montañas, alejándote de juguetes y mascotas, desbaratando matrimonios y ranchos. La podés encontrar organizando un oleaje de antorchas, un paro general a la vileza, un incendio de tarjetas de crédito.

Esta palabra es como todas, mágica. Lo mismo decapita millares de palomas o desmantela cuarteles con su corazón explosivista.

Esta palabra, *n ierno*, es impaciente: exige. O nos hundimos en su espeso lodo, o nos alzamos para dispararla.

agosto   ,   ,   3   m

EL CERBATANERO

Su voz es un relámpago devastando la noche
acicalando el rostro a las mazorcas
colmando de armonía el hueco de las campanas
      rompiendo la quietud

su corazón es crisol
donde chisporrotean flores
teñidas de lágrima y rocío

de su espalda se alimentan los gorriones
de su espalda rebosante de códices y copinoles

los dardos de su cerbatana fueron envenenados con verdades eternas

sus heridas
obran todas las curaciones:
música dolorosa que afelpa cicatrices

con él se reúnen los dioses bajo los conacastes
a escuchar sus historias
a pedir sus consejos
a beber gris horchata y a tratar de entender
los terrenales misterios
del amor

/ *Entre los escombros de la madrugada, Otoniel Guevara*

TODO PORQUE LAS PIEDRAS

Llevamos un ajuate desbocado en las pupilas

con furia
clavamos los dientes
al vientre del tiempo

colmamos de semillas nuestras desgastadas sandalias

del fondo de los charcos nos nutrimos
con reflejos de muchachas y de estrellas

con humo de café y tecolotes
convocamos
los olvidados gritos de la tierra

todo porque las piedras nos han dicho en su lengua
lo que a la par del fuego sabemos en la sangre:

los caminos son nuestros
     y son interminables

MIGRACIÓN A OTRO TIEMPO

Desde atrás de la noche fueron pensados los caminos
desde adentro del aire
desde el fondo irrevocable de la muerte

fue la luz la que dio origen a la primer palabra:
la agudísima luz de las estrellas
la felina brillantez del rocío
la misteriosa chispa de un corazón fogoso
el ojo ineludible de las criaturas noctívagas

pero alguien amenazó con acabar la travesía
ya no le bastó el agua
                quiso el río
no lo sació el maíz
                quiso la tierra
no lo colmó el amor
                quiso la muerte

fue el pretendido fin de los caminos

mas
el viento ha regresado a derribar lo que no echó raíz
el agua arrasará lo que encuentre sin cauce
el fuego trocará en ceniza todo aquello que no posea alma

ha dado inicio el tiempo de lanzar lo creado al fondo de los lagos
y proseguir la peregrinación

no hay tiempo que perder

una noche de parto nos espera

/ *Entre los escombros de la madrugada, Otoniel Guevara*

RAÍCES

El hombre echa raíces en todo lo que sufre
es un árbol que sueña y ejecuta

su raíz no se frena ante ningún talpetate
no hay gusano capaz de roer su blandura

el hombre se sostiene sobre un firme horizonte

yo hundo mi apellido en los andenes
en los parques y los buses
en las milpas y en el viento

yo también soy un árbol

yo también soy el bosque

EL POETA DEL PUEBLO

Cuando calla
es porque algo anda diciendo con las manos

gosto

UN POQUITO DE CÁRCEL EN LAS VENAS

Ya llevo dos camisas enterradas en sombra
dos largas masacres contra la inocencia
dos puentes hacia el odio constructor de pirámides
dos noches de dolor sin rendijas ni espejos

Son dos sequías que se prolongan en mis huesos
que me han dejado insomnio en la mirada
que han preñado mi espalda con pirañas
que ofrecen en subasta mi garganta

Dos capuchas que encendieron mi rostro

Dos muertes que dan vida a mis abrazos

elbienaventuradoamor [1985-2009]

SOLAR

es que era un pequeño paraíso
donde reía el maíz y cantaban los arriates
donde había una cueva estelar de adobe y albahaca
donde llorábamos al mirarnos desnudos
brillando con los salpiquetes de luz
con que nos enluzaba la luna
donde la puerta hacía *crac* y caía
y tú decías *te amo* y me caía
y nos amábamos y el cielo
se ca a

ABANDONO

Salí del humo pétreo de la humareda insomne de la humazón amarga
amargo amargo amargo
tísico   colérico

el infierno hay que habitarlo solo
solo   solo   solo

nada de lo que diga será usado en mi contra

mi voz es el delito que nadie probará

inválido rabioso macerado sediento
la herida más ardiente no se encuentra en mi cuerpo

mi mano no dibuja las líneas de tu mano

voy solo

es el infierno

eso es todo

YO

Yo te bebo en la miel de tus ausencias
te dibujo en la bruma mañanera
te remiendo los versos con saliva

Yo le arranco las hojas a tu cuerpo
Me desvelo inventariando
los más locos recuerdos

Yo te llevo en mis huellas digitales
sobre todo en la huella de mi sexo

Yo tengo hipotecada mi sonrisa
en el Banco Nacional de tu presencia

Yo coloco de cabeza
al Santo Niño de Atocha
para que consigás novias
que te hagan extrañar mis sortilegios

Yo me voy por las calles ciegamente
porque sos mi destino inexorable

Yo te quiero arrullar entre mis sábanas
y te quiero abarcar como una tumba

Yo me pongo a pensar: el fin del mundo
es simplemente cuando te tengo cerca

TANTO [1989-1991]

DISYUNTIVA

en ocasiones prefiero tu corazoncito
-al que juro no haber tocado nunca-
a uno de los mejores libros de algún poeta maldito
jactarme ante mis pálidas manos
de que en la oscuridad
         puedo leerte
mucho mejor que a *Las flores del mal*
puedo entender
tu respiración de lluvia en celo
e inventar con las hierbas del tejado
una luminosidad más entrañable
que cualquier temporada en el infierno
que
incluso
con los ojos cerrados
siento más claramente tus manuscritos
porque leer a Rimbaud o Artaud o Baudelaire
bajo la indecisa luz de una candela
a la larga perjudica la vista
y hace que te extrañe más y más

HORA TRES

La ropa no te toca como yo

tus piernas caen en la tentación
cuando las besa el viento
de mi aliento

tus pezones no conocen más lenguaje
que el de mi lengua

y tu cintura no soporta más talle
que mi abrazo

nada   uede tocarte como   o

TEATRO

El mismo escenario sólo que estoy más viejo
más torpe   más curioso   más hermano
hace falta un buen rostro que refleje mi rostro
es decir   tú me faltas

siento que algo muy rudo me arrebata el oxígeno
así de pronto
y es que somos acción y reacción uno del otro
si tu risa es fornida te nalgueo y te beso
río y un río de pelos dementes
te hacen correr hasta mi fiebre
esa que inventa almohadas para todos los sueños
y escribe en la pizarra del porvenir los alfabetos

a esta hora ya no importa la hora
además los relojes de la iglesia Don Rúa
marcan cuatro horas distintas
lo he notado hoy que falta tu abrazo
y empiezo a cerrar los ojos como náufrago

el mismo escenario   ero   altan tus labios

CUANDO EN EL SALVADOR SON LAS 10 DE LA NOCHE
Y EN OTRA PARTE HAY LIBERTAD

Amor mío me voy
la noche se entrega a los lobos
y si no logro llegar a casa
me encontrarás
entre los escombros
de la madrugada

UN GATO NEGRO DURMIENDO
EN LO INESPERADO
[1990-1991]

SOBREMANAGUAL

Llama que ya mataste mi glacial gelidez
¿En qué oropéndola te verso mi ceniza?

Escapulario fugado de mi abrazo
¿Sos capaz de sismear otra vez mi esqueleto?

¿Cuál es la dirección de tus consonancias?
Tanta "te" y tanta "ge" te generan gateos

Prófuga bestia de mi aridez hirsuta
¿Dónde el punto final de tu cadencia?

Magia

CRUZCALLE KRUPSKAYA

¿Qué tanto te interesan mis grises asambleas con el odio?
¿Cuántos cercanos viajan colgados de la parrilla del olvido?
A nadie vi sentado en la tristeza
Nadie compró boletos para salir del infierno

De donde yo vengo hay tanta muerte injusta
que hasta los edificios se derrumban
sollozan adobe
crucifican tréboles en sus cruzcalles

¿Dónde he venido a argumentar mis rabias?
¿Por qué se me despierta a mitad de la noche
con repiques de misa de cuerpos ausentes?

Duérmanse coetánios
Ionicen con sus ronquidos los versículos más citados de la biblia
Yo me quedaré robando energía eléctrica para iluminar
mi fiesta sangrienta de innumerables grises

n

POLIFONÍA DE LA CONGOJA

¿será que al mediodía nos robarán los pájaros
amarillos?

¿será que en la memoria se caerán las camas
encima de mi beso?

pueda que exista una carretera atolondrada preguntando por nuestros
bueyes
y solo encontrará esa carreta donde haremos el amor*
con toda la pelambre y la desnudez al viento
centelleando de brisa ante la mirada severa
irracionalmente severa
de dios
o cualquier antiser que no comprende
la melodía de las lágrimas

Llorá

Yo ya lloré y no le importó a la muerte

       acer el amor se refiere a saludar a los pájaros desde una
                         [carreta en movimiento,
    por ejemplo.

        n

DESPIADADA CIUDAD [1992-2012]

DESPIADADA CIUDAD

l interminable oet a lises as s

Intentaba deshacerme de mi corazón
pero ningún mendigo tuvo a bien aceptarlo

lo icé entonces por encima de los hombres
       -imponente
       prodigioso-

y los hombres inquirían por el patrocinador

des iadada ciudad

uscatancingo, entre un diciembre   la noc e

CIUDAD

Una libélula sin alas
Un tren sin parsimonia
Una postal sin niños
Una oficina sin aguaceros

LAMENTO DEL AFORTUNADO

Yo no puedo alterar su paso firme
ni el precipicio hosco al que se aboca
ni la farola azul bordando calles
por donde va despilfarrando la ternura

Yo no puedo cambiar ni el cielo infame
seducido por el gris de la tarde

Si pudiera
desviaría el sentido de las aguas
repararía el corazón de los malvados
inundaría con cartas de amor los tejados

Pero no hago más que resignarme
a ser la lluvia de su jardín silvestre
y a persignar mi frente con su frente

mar o   abril de

IN GOD WE TRUST

Un perro devora el cadáver de un recién nacido
y pensé en vos, ¡Oh, Creador!

/ *Entre los escombros de la madrugada, Otoniel Guevara*

SENSACIONES SENILES

Detrás de esta pared pasta el invierno
o quizás sean las putas que fuman sus cigarrillos madrugales

Esta pared pretende protegernos
-del frio, de la lluvia, del crimen, de la sombra-
yo sé que es una frase indescifrable
un concierto de encierros que nos podan
que nos alumbran los rostros con su cucarachero

Esta pared
no ostenta el fratricidio del muro de Berlín
ni el prolongado enigma de la muralla china
no es propicia para lamentaciones
ni para disparar sobre los inmigrantes

Por eso la he cargado de consignas:
    as mu eres tambi n tenemos uevos
     o a mall ue dure cien a o s
    E igimos a asos en las   bricas
     odo el power *al* people
    E terminemos a los oetas endecas labos
     ui n mat a a etano ar io
    Esto arto de los besos de cortes a
     ose as aca ara di utado
    uerte a la libert ad a su caballo

Hoy es lunes
¿Cuándo es que le toca descanso a Dios?

NO APTO PARA TURISTAS [2003-2010]

CELESTIAL

a atiana led ins i

Bien: engañémonos:
Procuremos el bien a los descalzos
Abonemos el huerto y los trabajos
Ofrezcamos amor sin condiciones
Evitemos rascarnos los temores
Creamos en la virgen y en la patria
Demos la vida por nuestro semejante
Seamos como el Che como Jesús como el Demonio:

Ángeles hartos de cualquier esperanza

NACIONALIDAD

Mi país es el mar
que envenena a sus peces con espuma.

Mi país es el cielo
donde la muerte es gris y acuosa y fría.

Mi país es la tierra
con un bosque de cruz y calavera.

Mi país es montaña
que en lodo y sangre oficia su derrumbe.

Mi país es extraño
pero simple:
Se llama El Salvador y usted dirá.

SOSIEGO

ara atilde E lena   e ,
como un asunto del cora   n

Hoy quisiera recuperar el tiempo perdido:
años, meses, años,
días y momentos.

De haber culminado con éxito mi fuga del hogar
cuando a los once me emboscaban hormonas y edenes
mi nombre no hubiera sido torpemente garabateado en las libretas
                                        [obituales
de amargos policías sin cordón umbilical ni derecho al suicidio,
de pronto sabría conducir un automóvil con más ingrata maestría que
                                        [al timón de la vida
y el sinuoso Beethoven hubiese perdido para siempre a un triste
                                        [amante de sus sonatas.

Si a los catorce no se me empotra en el cielo Amílcar cargado de
                                        [poemas y canciones de protesta
me hubiera quedado sembrando huertos caseros en alguna selva
                                        [innominada,
me hubiese enamorado sin remedio de alguna campesina,
                                        [de su luz silenciosa,
de su lengua graciosa,
de su miel licenciosa,
de su pelo fragante a cascada florida.
Me hubiese enriquecido con una porqueriza
y respondería ante el nombre de "Violeta Parra"
con bibliografía hortícola o algo semejante.

Yo era buen futbolista. Y hasta me persignaba

/ *Entre los escombros de la madrugada, Otoniel Guevara*

a cada pitazo inicial.
Mas la vida es redonda y nos aplasta
dondequiera que vamos, contra quienes estemos,
por la simple razón de ser entre la grama.

Con las muchachas nunca tuve suerte:
desde los diecisiete me envuelven con sus formas
y me hacen preguntarme cosas que nunca supe.
Con ellas lo mejor es el silencio:
silencio al acercarse, al envolverlas,
al amarlas con todos los sentidos.
Mucho silencio para no despertarlas
y más para salir
en puntillas de sus vidas.

Quise ser guerrillero y nunca maté a nadie.
Cada vez que disparé fui yo el único herido.
Soy veterano de una guerra en la que Dios estuvo preso
y donde Satanás fue muerto en la primera escaramuza.

El tiempo se acabó. Ya no pretendo
ser inmortal.
El cuerpo pesa
y las mochilas suelen descoserse:
por los agujeros se cuela la esperanza,
se van los libros que quisimos leer, las emociones
que torpemente dejamos al pie de los amates,
la piel de los tambores
que nunca se enredaron con mi piel,
la suavidad
del beso en que murió mi boca.

Tantas veces la muerte perdió al póquer conmigo
¿y cuál fue mi ganancia?: arrastrar mis pasos
sobre los cementerios, engordar con papeles de amor
un baúl extraviado, gritar bajo la lluvia los rencores
al Creador, quien solamente me contestó con truenos ilegibles,
con rayos insensibles y con pájaros muertos.

Quise ser más que un hombre
y de escudo me dieron la palabra
y de enemigo todo lo pronunciable.

¡Basta de sustantivos y adjetivos!
Ya no quiero más verbos: ¡Quiero sangre!
¡Sangre en el colibrí, sangre en el río,
sangre verde en la montaña ruda,
sangre azul en el cielo grisoteado,
sangre de luz en la laguna-cloaca,
sangre de ángeles al borde de los niños,
sangre de rojo amor en el demonio,
sangre de inmensidad en los poemas,
sangre de Dios en el pecho del hombre!

Sangre
      en el nombre,
sangre
      en el hombre:
en el nombre del hombre: ¡quiero sangre!

Y en el nombre del tiempo ya perdido
que ya jamás vendrá
que ya es olvido

queda la bendición del hueco de una manos
que entibien este amor sobreviviente
que trae del poeta lo soñado,
del guerrero su herida siempreardiente,
del sacerdote su consuelo infinito,
del delincuente
                    su palabrota franca
y del ebrio bufón la sabia ciencia
de protestar por todo con la risa.

                    De todos modos

                    la vida

                    siempre empieza.

SAL

Tomo la sal entre mis dedos y siento enjambres de hombres
                              [remontar parajes asesinos
atravesar océanos de infinitas incertidumbres

La sal
con toda su blancura
no pronuncia la sangre vertida tras su aroma de mar
nunca invoca la paz
        muy al contrario
se devela mortaja sobre el cabello de las santas mujeres

La sal es cruel

La mujer de Lot lo sabe
en lo que aún le queda de corazón

MALDITA MALDITA MALA MEMORIA

ara uso mu   ersonal de   ablo   en te

olvidé los sueños más hermosos de mi infancia
el olor de los versos de Bécquer
el tibio vapor sangrante de los pájaros

olvidé la taquigrafía de la lluvia sobre la arenisca
el empujón criminal hacia el abismo
el color de las botas de los torturadores

olvidé las palabras justas para un velorio
olvidé los caminos de regreso
olvidé el corazón dentro de mi pecho

por mucho que intento recordar
no sé cuanto más
he olvidado

CON AMÍLCAR

Alguien me habla más allá de la vida.
Alguien talla mi voz con su alfabeto.

Su voz
¿debo decir que truena, que retumba?
¿debo explicar que fluye, que acoquina?
¿debe entender usted que no se escucha?
¿debe saber usted que se avecina?

Un hombre de poco hablar
repinta mi nombre desde el sueño.
Aclara su rostro en los rostros del Hambre.
Define su acento en el solfa del Miedo.
Sangra de amor en terminales y aeropuertos.

A veces duele tanto seguir vivo
y escuchar, impotente, los sollozos de Dios.

CONSAGRACIÓN DEL EDÉN [1984-2012]

DESEO INFINITO

La última vez que toqué su mano
fue con mis besos

La última vez que besé su pelo
fue con el viento

La última vez que pronuncié su nombre
me respondió el silencio

CANCIÓN ENFERMA [2000-2010]

HIMNO DE AMOR

Yo escribo el poema contra todos:
porque todos vacacionan en la playa,
porque todos sobreviven con un sueldo,
porque todos an matado lo ue amaban,
porque todos sucumbieron ante el precio,
porque todos ignoraron La Poesía,
porque todos consultaron a su médico,
porque todos se abrazaban en la iglesia,
porque todos frivolizan el misterio,
porque todos cantan ebrios en los bares,
porque todos se reciclan en el miedo,
porque todos amnistiaron al tirano,
porque todos han votado contra el sueño,
porque todos crucifican la decencia,
porque todos tienen dedos en las manos,
porque todos mortifican la inocencia,
porque todos son muy serios muy muy serios
porque todos todos todos
están muertos.

ara mi entra able ermano oeta mre   ndras,
con uien com artimo s el mismo idioma

LUCIDEZ DE LO POSIBLE

La eternidad es no encontrar jamás
la tumba del hermano

La poesía nunca gobernará a los hombres

r u mides ru , laudia ar a o vel, icardo unes seguimos escarbando

CARTA PARA QUE GELMAN

er   o sible el   ur
orge   occanera

¿Será posible el Sur? Pregunta Jorge.
Nosotros también somos el Sur. Y estamos vivos,
de esa misma manera estamos muertos,
como ustedes, que dejaron sus ventanas
en el fondo del mar,
que hijaron horizontes con un hilo invisible,
de silencio y de trapos sin sonidos. Con nuestra carga
de costales de miembros, con la sopa fría sobre la mesa
donde Ricardo no llevó más sus pantalones acampanados.
Por pequeñas razones como estas
usted debe traer su calavera,
sentarse a nuestra mesa y ser la sopa fría
como una isla viuda, ser la silla que espera
por las nalgas queridas, usted
debe venir a desdoblar palabras
como quien siembra pueblos en las manos.
Aquí lo seguiremos esperando.
Tenemos una docena de poetas con los cuales se puede platicar
largo y llovido,
todos ellos becarios del infierno, especialistas
en tributar dolores y ambrosías;
tenemos un país desintegrado que ya se llama Tierra,
o a lo mejor Olvido o no sé si se llama o solamente es Llama o llama
con una voz que alcanzará a todos los oídos o silenciará
los más absurdos odios,
como hacía una canción en la guitarra de mi amigo,
o la lluvia en los huesos de los que detrás de sus huesos
nos sonríen.

¿Está usted ahí?
Disculpe la insistencia pero un panal de madres
quieren condecorarlo con un honoris causa por haber enarbolado
el honor de la poesía como su mejor causa, su más intensa lucha
sin rivales. ¿Quién osará enfrentar a la Verdad
indestructible? El poeta es el vencedor que no derrota a nadie,
quien resulta vencido por un sencillo cuerpo de mujer que amó la
                                                                    [selva
y se perdió en lo ancho de sus besos.
Insisto: usted debe traer sus jacarandas, su pasaporte vencido, el
                                                                    [verdor
de su más abierta espina, nosotros
conservamos para su corazón una carta de despedida para comunicarle
que de aquí nadie se fue nunca, persistimos en este abracadabra. El Sur
también existe,
nosotros
también somos el Sur, el sueño, el surco,
el ala atesorada para los ángeles rabiosos portadores
de la voz amorosa que mandará al destierro
las grasientas ergástulas, las confusas fosas comunes,
las sombras que cebaron a La Sombra.

¿Será posible usted? Pregunto yo.

Somos posibles.

/ *Entre los escombros de la madrugada, Otoniel Guevara*

CON LA FECHA QUE DESEEN

Cadáveres bajo las patas de asombrados caballos

Cadáveres en los árboles
como frutos que nunca han de caer

Cadáveres flotando sobre ríos
con el color del agua entre las venas

Cadáveres mostrando sus vísceras
como joyas diabólicas

Cadáveres retardando el tráfico
con su quietud desprovista de miradas

Cadáveres panteados como leña
para el horno brutal de la locura

Cadáveres solitarios

Multitud de cadáveres por siempre abandonados

Cadáveres comidos por las bestias
por la lluvia y por los años

Pedazos de millones de cadáveres

Somos hijos de muertos

Hijos de masacrados

Y ya nunca más nos será permitido
el miedo

ara oberto eras,
eredero de esta istoria,
verdugo de este miedo

/ *Entre los escombros de la madrugada, Otoniel Guevara*

NUNCA TUVE UNA CASA

Quiero una casa

donde no escuchen tus gritos los vecinos
tus gritos de placer
inocultables

donde siempre caiga el agua
del cielo
y de la regadera

quiero un lugar con patio
donde juegue la infancia
su más torrente abecedario

donde el sol no me recuerde
los cadáveres incesantes de mis doce años

donde no haya que colocar semáforos
          bajo las puertas
donde quepa el amor que nos lazamos
          y los hijos

donde la muerte finalmente llegue
y se sienta
          como en su propia casa

LA TIBIA HABITACIÓN DE LAS PALABRAS
[1984-2013]

HORA NEFASTA

Todos en el jardín están marchitos

La puerta que conduce al exterior
inútilmente abierta

Bajo las nubes no son estrellas fugaces
las que relampaguean malvadas

Un niño muy pequeño recoge del suelo un árbol
No es más que una ramita seca
pero es todo lo que sobrevive de la selva

La muerte –desolada– se desploma

Nadie sonríe de verdad
No hay motivo

Tal vez mi hermano me llame desde estados unidos
pero eso no significa que estemos vivos

Es de día y el día
no ha logrado acabar
con tanta oscuridad

ENVEJECER

Nada es real:
Mi alma es una bandera sucia
un carrito de supermercado sin matrícula
un pozo donde nadie se atreve a sumergirse

COMO ESTACIÓN RASGADA POR EL VIENTO

ara Estuardo lvare , oeta

pobrecito el poema
vale menos que una tarde de lluvia en la cocina
circula tanto como gripe en un velorio
alucina a quienes ya nada pueden perder
se deshace en los bolsillos de los amantes
requema las hogueras de los gendarmes
sucumbe ante el papel moneda donde nadie los busca

pobrecito poema
carcomido por baúles invisibles
estampado sobre arenas incendiarias

pobrecito poema
 uien te escribe no sabe lo   ue dice

ADÁN ELABORA UN BALANCE

La manzana tenía sabor a papel reciclado
a parabrisas roto
a mano de pordiosero

fue después
en los labios de Eva
que pude recobrar mi paraíso

POETA MALDITO

ara   laudia Gabriela

Casi pierdo los ojos
al mirarte desnuda

Pero casi los pierdo definitivamente
cuando dejé de verte

SOBRE LA TIERRA [2013]

ORACIÓN

Yo que te vi crecer arrullando mazorcas
costurando los huesos guerreros
con los huesos de los árboles
vengo a depositar un beso en tu rastrojo
                              Tierra

Yo que te vi ondular
la procesión desnuda de los jóvenes cuerpos
vengo a buscar las flores que para mí esparcieron en tu acorde
los abuelos
                              Río

Yo que escuché tus cantos al apagarse el sol
en la ceniza del tembloroso horizonte
vengo a secar el sudor del arcoíris que amarraste en tu frente
y a relatarte que la guerra por fin ha terminado
                              Cielo

Yo que dejé mi aliento encarnado en las palabras
Yo que lancé mi fuego a las estrellas
Yo que sembré en el viento siete veces mi sangre
Yo que fui Olote Piedra Diadema Chirivisco
Vengo a entregarte todo mi pasado
                              Muerte

ALADA

Un colibrí
extrajo néctares
de todo tu cuerpo

Los lunares que hoy beso
son esas huellas
que vinieron del cielo

HERENCIA

Entre los adobes de nuestra casa
quedó la mirada de la abuela
tras la picadura del nervioso alacrán

Con los ojos ardientes
mi abuela se introdujo en la cocina
sacó un tizón en brasa viva
con el que apagó la ponzoña de su brazo
sin el menor gesto de dolor

después
lanzó siete trozos del animal
a la ceniza

     Lo mismo intenté hacer yo
     cuando te fuiste

Otoniel Guevara (San Juan Opico, La Libertad, El Salvador, 1967). Estudió Periodismo. Ha participado en eventos como el Festival Internacional de Poesía de Medellín, en 1999. También ha representado a El Salvador en eventos culturales en Guatemala, Honduras, Costa Rica, Nicaragua, Cuba, Estados Unidos, Argentina, Venezuela, Panamá, Chile, México, Puerto Rico, Hungría, Eslovaquia, Dominicana y Colombia. Su trabajo ha sido incluído en antologías de muchos países. Obra poética publicada: El Solar (1986); El violento hormiguero (1988); Lo que ando (1992, 1996, 1997); Lejos de la hierba (1994); Tanto (1996, 2000); El sudario del fugitivo (1998); Despiadada ciudad (1999); Erótica (1999); Simplemente un milagro (2001); Cuaderno deshojado (2002); Isla ilegal (2003); Sosiego (2003); No apto para turistas (2004); Cuando la lluvia se techa de prodigios (2005); Los juguetes sangrantes (2006); Siemprésima (2007); Rupestre (2009), Canción Enferma (2009), Proclamas para analfabetos (2009) y Todos los ruidos de la guerra (2010). No apto para turistas fue publicado en italiano bajo el titulo Non adapto ai turisti (2009). Dirigió las revistas Alkimia, Metáfora y Solopoesía, así como varios espacios dedicados a promover el arte y la cultura. Coordinó el Suplemento Cultural Tres Mil de Diario Co Latino, condujo el programa cultural radial Semáforo en azul y es miembro de la Fundación Metáfora y de la Coordinación Ejecutiva del Encuentro Internacional de Poetas "El turno del ofendido" así cómo el Festival Latinoamericano de Poesía "Amilcar Colocho", el "Festival Internacional de Poesía en Tierra Nahuat Pipil y el Festival Internacional de Poesía en Occidente, todos realizados en El Salvador.